머리가 좋아지는 5분 받아쓰기 놀이

1판 1쇄 인쇄 2023년 11월 17일
1판 1쇄 발행 2023년 11월 27일

지은이 이든

펴낸이 김승헌
디자인 디자인페이퍼민트

펴낸곳 작은은주

주소 서울특별시 마포구 양화로 73, 6층 MS-8호
출판등록 2014년 7월 15일(제2019-000049호)
전화 031-318-5286 팩스 0303-3445-0808
원고 투고 및 독자 문의 book-agit@naver.com
이메일 blog.naver.com/midnightbookstore

정가 13,800원

제 품 명 : 머리가 좋아지는 5분 받아쓰기 놀이	주 소 : 서울 특별시 양화로73, 6층 MS-8호
제조사명 : 작은 우주	전화번호 : 031-318-5286
제조국명 : 대한민국	제조년월 : 2023년11월27일
사용연령 : 4세 이상	KC마크는 이 제품이 공통안전기준에 적합하였음을 의미합니다.

이든 지음

작은우주

머릿말

초등학교 1학년이 되면 받아쓰기는 어떤 것을 할까?

입학을 하는 동시에 부모는 받아쓰기라는 첫 평가에 긴장하기 마련이다. 누구든 잘 모르는 것에는 두려움이 생기기 때문이다. 따라서 입학 전 아이에게 초등학교 생활이나 초등학교에서 배울 것들을 미리 가르쳐 두는데, 이런 준비가 잘 되었다고 느끼면 아이도 부모도 자신감이 붙는 것은 당연지사. 한글이 아직 미숙한 아이라도 받아쓰기 시험은 꼭 보는 것이므로 1학년 1학기 받아쓰기에 무엇이 나올지를 미리 알아 둔다면 받아쓰기를 하는 데 무엇보다 큰 도움이 될 것이다.

이 책에는 1학년 1학기 때 아이들이 실제로 학교에서 받아 보는 받아쓰기 급수표와 그 급수표를 퍼즐과 게임으로 배울 수 있도록 구성하였다. 퍼즐과 게임의 난이도도 어렵지 않아 푸는 시간도 더도 말고 덜도 말고 딱 5분이면 충분하다. 아이들이 먼저 나서서 하는 게임이나 퍼즐의 형태로 받아쓰기를 배우니 하기 싫은 공부라는 생각도 들지 않고, 재미있게 한글과 맞춤법 등을 익힐 수 있고, 기억하기도 훨씬 쉽다.

이 책은 한글을 처음부터 차근차근 가르치기보다는 받아쓰기라는 첫 번째 시험을 가능한 쉽고 재미있게 준비할 수 있도록 만든 책이다. 입학하기 한 달 전, 하루 5분, 30일이면 끝낼 수 있는 이 책을 아이들에게 쥐어 주고, 책 속의 게임을 시켜 보자! 스스로 하는 흥미진진한 게임이 자신도 모르는 새 학습 활동, 시험 준비가 될 것이다.

지은이 이든

본문 구성

각 급수별 아래와 같은 게임이 들어 있다.

단순한 찾기 게임부터 사고력을 필요로 하는 낱말 퍼즐, 흥미진진한 미로까지. 풀다 보면 어느새 급수 안에 들어 있는 받아쓰기는 힘들이지 않고 마스터할 수 있다.

[다른 글자 찾기]

여러 글자 가운데 다른 글자를 찾는 게임이다. 처음에는 다른 글자가 1개만 있지만, 점점 찾아야 하는 다른 글자의 개수도 늘어난다.

[다른 그림 찾기]

두 그림을 비교해 보며 다른 그림을 찾는 게임이다. 두 그림의 다른 점을 눈으로 찾으면서 다른 글자도 찾을 수 있어 낱말의 형태를 익힐 수 있다. 스스로 다른 부분을 찾는 것이므로 글자 자체의 형태를 스스로 알 수 있다.

[낱말 퍼즐]

하나의 낱자를 모은 어떤 것이 낱말이 되는지 익힐 수 있다. 낱자를 낱말로 조합하는 연습을 할 수 있으며, 실제로 교과서에 쓰이는 낱말을 배울 수 있다.

[만화 대사 추리]

받아쓰기 급수표에 실린 예시 낱말로 빈칸을 채우며 직접 써 볼 수 있다. 받아쓰기에 좀 더 적극적인 대비를 할 수 있어 도움이 된다.

[맞춤법 미로]

맞춤법에 맞는 낱말이 어떤 것인지를 미로를 통과하며 알아볼 수 있다. 쉬운 낱말은 하나의 맞는 골인 지점으로 연결되고, 난이도가 있는 낱말의 갈랫길에서 맞춤법에 맞는 낱말을 골랐을 때만 골인 지점으로 갈 수 있다. 눈으로 찾으면서 다른 글자도 찾을 수 있어 낱말의 형태를 익힐 수 있다.

차례

1일차 1급
- 다른 글자 찾기 · 8
- 다른 그림 찾기 · 9
- 낱말 퍼즐 · 10
- 만화 대사 추리 · 11
- 낱말 그림 미로 · 12
- 낱말 그림 미로 · 13

2일차 2급
- 다른 글자 찾기 · 14
- 다른 그림 찾기 · 15
- 낱말 퍼즐 · 16
- 만화 대사 추리 · 17
- 낱말 그림 미로 · 18
- 맞춤법 미로 · 19

3일차 3급-1
- 다른 글자 찾기 · 20
- 다른 그림 찾기 · 21
- 낱말 퍼즐 · 22

4일차 3급-2
- 만화 대사 추리 · 23
- 낱말 그림 미로 · 24
- 맞춤법 미로 · 25

5일차 4급-1
- 다른 글자 찾기 · 26
- 다른 그림 찾기 · 27
- 낱말 퍼즐 · 28

6일차 4급-2
- 만화 대사 추리 · 29
- 낱말 그림 미로 · 30
- 맞춤법 미로 · 31

7일차 5급-1
- 다른 글자 찾기 · 32
- 다른 그림 찾기 · 33
- 낱말 퍼즐 · 34

8일차 5급-2
- 만화 대사 추리 · 35
- 낱말 그림 미로 · 36
- 탈출 미로 · 37

9일차 6급-1
- 다른 글자 찾기 · 38
- 다른 그림 찾기 · 39
- 낱말 퍼즐 · 40

10일차 6급-2
- 만화 대사 추리 · 41
- 낱말 그림 미로 · 42
- 탈출 미로 · 43

11일차 7급-1
- 다른 글자 찾기 · 44
- 다른 그림 찾기 · 45
- 낱말 퍼즐 · 46

12일차 7급-2
- 만화 대사 추리 · 47
- 낱말 그림 미로 · 48
- 낱말 그림 미로 · 49

13일차 8급-1
- 다른 글자 찾기 · 50
- 다른 그림 찾기 · 51
- 낱말 퍼즐 · 52

14일차 8급-2
- 만화 대사 추리 · 53
- 낱말 그림 미로 · 54
- 맞춤법 미로 · 55

17 일차 10급-1
- 다른 글자 찾기 · 62
- 다른 그림 찾기 · 63
- 낱말 퍼즐 · 64

18 일차 10급-2
- 만화 대사 추리 · 65
- 낱말 그림 미로 · 66
- 낱말 그림 미로 · 67

19 일차 11급-1
- 다른 글자 찾기 · 68
- 다른 그림 찾기 · 69
- 낱말 퍼즐 · 70

20 일차 11급-2
- 만화 대사 추리 · 71
- 그림자 퀴즈 · 72
- 맞춤법 미로 · 73

16 일차 9급-2
- 만화 대사 추리 · 59
- 인사말 미로 · 60
- 맞춤법 미로 · 61

22 일차 12급-2
- 만화 대사 추리 · 77
- 낱말 그림 미로 · 78
- 맞춤법 미로 · 79

21 일차 12급-1
- 다른 글자 찾기 · 74
- 다른 그림 찾기 · 75
- 낱말 퍼즐 · 76

25 일차 14급-1
- 다른 글자 찾기 · 86
- 다른 그림 찾기 · 87
- 낱말 채우기 퍼즐 · 88

15 일차 9급-1
- 다른 글자 찾기 · 56
- 다른 그림 찾기 · 57
- 낱말 퍼즐 · 58

23 일차 13급-1
- 다른 글자 찾기 · 80
- 다른 그림 찾기 · 81
- 낱말 채우기 퍼즐 · 82

24 일차 13급-2
- 만화 대사 추리 · 83
- 탈출 미로 · 84
- 맞춤법 미로 · 85

26 일차 14급-2
- 만화 대사 추리 · 89
- 탈출 미로 · 90
- 맞춤법 미로 · 91

27 일차 15급-1
- 다른 글자 찾기 · 92
- 다른 그림 찾기 · 93
- 낱말 채우기 퍼즐 · 94

28 일차 15급-2
- 만화 대사 추리 · 95
- 탈출 미로 · 96
- 맞춤법 미로 · 97

29 일차 16급-1
- 다른 글자 찾기 · 98
- 다른 그림 찾기 · 99
- 낱말 채우기 퍼즐 · 100

30 일차 16급-2
- 만화 대사 추리 · 101
- 탈출 미로 · 102
- 맞춤법 미로 · 103

- 해답 · 104
- 부록 · 108

[다른 글자 찾기]

✳ 같은 낱말 속에서 다른 낱말 하나를 찾아보세요.

나 나 나 나 나 나
나 나 나 나 나 나
나 나 나 나 나 나
나 너 나 나 나 나
나 나 나 나 나 나
나 나 나 나 나 나
나 나 나 나 나 나

[다른 그림 찾기]

✱ 두 그림을 비교해 보며 다른 곳 세 군데를 찾아보세요.

[낱말퍼즐]

* 아래에 씌어 있는 낱말을 찾아보세요.
  가로, 세로, 대각선으로 연결되어야 하고, 겹치지 않아요. 앞뒤 방향은 상관없어요.

바른   자세   우리   가족

우	아	친	세
바	른	자	가
셔	우	리	족
손	셍	님	구

10

[만화 대사 추리]

* 보기에 있는 낱말 가운데 빈칸에 알맞은 낱말을 찾아서 써 보세요.

보기

선생님   아버지   토끼   친구

□□□!

우리는 사이좋게 지내는

□□ 예요!

앞으로도 사이좋게 지내요!

네!!

[낱말 그림 미로]

✱ '바른 자세'가 될 수 있도록 길을 찾아가 보세요.

[낱말 그림 미로]

✱ '우리 가족'이 될 수 있도록 길을 찾아가 보세요.

우리 / 오리 / 우니 / 가족

오늘은 여기까지!

다른 글자 찾기

✱ 같은 낱말 속에서 다른 낱말 하나를 찾아보세요.

거미	거미	거미	거미	거미
거미	거미	거미	거미	거미
거미	거미	거미	거미	거미
거미	거미	거미	거미	거미
거미	거미	거미	거미	거미
거미	거미	거미	거미	거미
거미	거미	거미	거미	거미
거미	거미	거미	거미	거미
거미	거미	거미	거미	가미

[다른 그림 찾기]

❋ 두 그림을 비교해 보며 다른 곳 네 군데를 찾아보세요.

[낱말 퍼즐]

✳ 보기에 있는 낱말을 찾아보세요.
가로, 세로, 대각선으로 연결되어야 하고, 겹치지 않아요. 앞뒤 방향은 상관없어요.

보기
구두   바지   지우개

구	아	빠	지
사	두	우	어
바	개	범	호
지	삵	생	님

[만화 대사 추리]

✳ 보기에 있는 낱말 가운데 빈칸에 알맞은 낱말을 찾아서 써 보세요.

보기
바지　　바구니　　모자　　모니터

네가 나들이를 다녀온 건 ☐☐☐ 와 ☐☐ 로 알 수 있어.

[낱말 그림 미로]

✱ 꽃을 찾아갈 수 있는 것은 무엇일까요?

참새

제비

나비

[맞춤법 미로]

✱ 맞춤법에 맞는 낱말이 있는 길을 모두 통과해서 미로를 빠져나오세요.

참새　참세

지우게　지우개　재비　제비

오늘은 여기까지!

✱ 같은 낱말 속에서 다른 낱말 하나를 찾아보세요.

기역	기역	기역	기역	기역	기역
기역	기역	기역	기역	기역	기역
기역	기역	기역	기역	기역	기역
기역	기역	기역	기역	기역	기역
기역	기역	기역	기역	기억	기역
기역	기역	기역	기역	기역	기역
기역	기역	기역	기역	기역	기역
기역	기역	기역	기역	기역	기역
기역	기역	기역	기역	기역	기역

[다른 그림 찾기]

✱ 두 그림을 비교해 보며 다른 곳 다섯 군데를 찾아보세요.

낱말퍼즐

* 보기에 있는 낱말을 찾아보세요.
가로, 세로, 대각선으로 연결되어야 하고, 겹치지 않아요. 앞뒤 방향은 상관없어요.

보기
리을   미음   치읓

가	역	리	음
시	은	을	미
지	읕	치	읓
시	옷	이	응

[만화 대사 추리]

✱ 보기에 있는 낱말 가운데 빈칸에 알맞은 낱말을 찾아서 써 보세요.

보기
기역   니은   이응

기역은 어떻게 생긴 거야?

낫 놓고 ☐☐ 자도 모른다.

[낱말그림 미로]

4일차 3급-2

✱ 한글 자음을 제대로 읽은 것은 무엇일까요?

ㄱ   ㅅ   ㅊ

시옷   기역   치읓

[맞춤법 미로]

✽ 맞춤법에 맞는 자음의 이름 낱말이 있는 길로 가서 산 정상까지 가세요.

다른 글자 찾기

✳ 같은 낱말 속에서 다른 낱말 하나를 찾아보세요.

키읔	키읔	키읔	키읔	키읔	키읔
키읔	키읔	키읔	키읔	키읔	키읔
키읔	키읔	키읔	키읔	키읔	키읔
키읔	키읔	키읔	키읔	키읔	키읔
키읔	키읔	키읔	키읔	키읔	키읔
키읔	키읔	키읔	키읔	키읔	키읔
키읔	키읔	키읔	키읔	키읔	키읔
키읔	키읔	키윽	키읔	키읔	키읔
키읔	키읔	키읔	키읔	키읔	키읔
키읔	키읔	키읔	키읔	키읔	키읔

[다른 그림 찾기]

✱ 두 그림을 비교해 보며 다른 곳 다섯 군데를 찾아보세요.

[낱말퍼즐]

* 보기에 있는 낱말을 찾아보세요.
  가로, 세로, 대각선으로 연결되어야 하고, 겹치지 않아요. 앞뒤 방향은 상관없어요.

보기

가지   도토리   주머니

가	랑	도	버
니	지	토	라
머	투	리	자
주	쥐	가	며
느	기	아	마

[만화 대사 추리]

※ 보기 에 있는 낱말 가운데 빈칸에 알맞은 낱말을 찾아서 써 보세요.

보기
키읔 티읕 피읖 히읗

기역 니은 디귿 리을 미음
비읍 시옷 이응 지읒 치읓

위와 같은 자음의 이름을 쓸 때는 '으' 밑에 그 자음의 낱자를 쓰면 돼.

[낱말 그림 미로]

✳ 다람쥐가 모으고 있는 것은 무엇일까요?

[맞춤법 미로]

✱ 맞춤법에 맞는 낱말을 모아 낭떠러지 미로를 무사히 탈출하세요.

키읔
키윽
티읏
티읕
피읖
피읖
히읏
히읗
복숭와
복숭아
참왜
참외

다른 글자 찾기

❋ 같은 낱말 속에서 다른 낱말 하나를 찾아보세요.

오이	오이	오이	오이	오이	오이
오이	오이	오이	오이	오이	오이
오이	오이	오이	오이	오이	오이
오이	오이	오이	오이	오이	오이
오이	오이	오이	이오	오이	오이
오이	오이	오이	오이	오이	오이
오이	오이	오이	오이	오이	오이
오이	오이	오이	오이	오이	오이
오이	오이	오이	오이	오이	오이

[다른 그림 찾기]

✱ 두 그림을 비교해 보며 다른 곳 다섯 군데를 찾아보세요.

[낱말 퍼즐]

✱ 보기에 있는 낱말을 찾아보세요.
가로, 세로, 대각선으로 연결되어야 하고, 겹치지 않아요. 앞뒤 방향은 상관없어요.

보기

고구마   바나나   포도

마	미	꾸	너	바
표	구	과	체	나
고	섯	고	도	나
하	별	기	포	모
도	르	스	게	티

[만화 대사 추리]

❋ 보기에 있는 낱말 가운데 빈칸에 알맞은 낱말을 찾아서 써 보세요.

보기: 모음자   자음자   훈민정음

고구마   바나나

하마   소고

이 두 낱말의 공통점은 바로 ☐☐☐☐ 다음에 받침이 없다는 거야.

[낱말그림 미로]

✳ 하마가 찾아간 곳은 어디일까요?

바나나

연못

고구마

[탈출 미로]

✱ 준비물인 소고를 가지러 집까지 가는 미로를 통과하세요.

다른 글자 찾기

❋ 같은 낱말 속에서 다른 낱말 하나를 찾아보세요.

하하하	하하하	하하하	하하하	하하하
하하하	하하하	하하하	하하하	하하하
하하하	하하하	하하하	하하하	하하하
하하하	하하하	하하하	하하하	하하하
하하하	하하하	하하하	하하하	하하하
하하하	하하하	하하하	하하하	하하하
하하하	하하하	하하하	하하하	하하하
허허허	허허허	허허허	허허허	허허허
하하하	하하하	하하하	하하하	하하하

[다른 그림 찾기]

✳ 두 그림을 비교해 보며 다른 곳 다섯 군데를 찾아보세요.

낱말퍼즐

* 보기 에 있는 낱말을 찾아보세요.
  가로, 세로, 대각선으로 연결되어야 하고, 겹치지 않아요. 앞뒤 방향은 상관없어요.

보기

기차   구름   오리

가	겨	차	기	름
우	사	자	옥	구
슬	쇄	방	성	늠
삼	서	대	융	너
리	오	아	크	림

[만화 대사 추리]

✳ 보기에 있는 낱말 가운데 빈칸에 알맞은 낱말을 찾아서 써 보세요.

보기

엉엉엉   흑흑흑   호호호

 동물들의 웃음소리는 모두 달라.

낱말 그림 미로

✱ 아기 오리가 엄마 오리를 만날 수 있게 미로를 통과하세요.

[탈출 미로]

✳ 사막을 지나 무사히 오아시스까지 갈 수 있도록 미로를 탈출하세요.

다른 글자 찾기

✳ 같은 낱말 속에서 다른 낱말 하나를 찾아보세요.

고구마	고구마	고구마	고구마	고구마
고구마	고구마	고구마	고구마	고구마
고구마	고구마	고구마	고구마	고구마
고구마	고구마	구고마	고구마	고구마
고구마	고구마	고구마	고구마	고구마
고구마	고구마	고구마	고구마	고구마
고구마	고구마	고구마	고구마	고구마
고구마	고구마	고구마	고구마	고구마
고구마	고구마	고구마	고구마	고구마
고구마	고구마	고구마	고구마	고구마

[다른 그림 찾기]

✱ 두 그림을 비교해 보며 다른 곳 여섯 군데를 찾아보세요.

[낱말퍼즐]

* 보기에 있는 낱말을 낱말을 찾아보세요.
가로, 세로, 대각선으로 연결되어야 하고, 겹치지 않아요. 앞뒤 방향은 상관없어요.

보기

우유   고추   두루미

츄	어	로	미	워
오	진	루	털	부
유	두	정	현	회
우	어	샌	위	서
탕	추	고	작	드

[만화 대사 추리]

✳ 보기에 있는 낱말 가운데 빈칸에 알맞은 낱말을 찾아서 써 보세요.

보기

도시　우리　포도

한자가 아닌 것은?

도시

포도

도움말: 자기 자신을 포함하는 낱말이야.

[낱말 그림 미로]

✳ '즐겁게 노래해'가 될 수 있도록 길을 찾아가 보세요.

[낱말 그림 미로]

✱ '우리 모두'와 '다 함께'가 될 수 있도록 길을 찾아가 보세요.

✱ 같은 낱말 속에서 다른 낱말 하나를 찾아보세요.

개나리	개나리	개나리	개나리	개나리
개나리	개나리	개나리	개나리	개나리
개나리	게나리	개나리	개나리	개나리
개나리	개나리	개나리	개나리	개나리
개나리	개나리	개나리	개나리	개나리
개나리	개나리	개나리	개나리	개나리
개나리	개나리	개나리	개나리	개나리
개나리	개나리	개나리	개나리	개나리
개나리	개나리	개나리	개나리	개나리
개나리	개나리	개나리	개나리	개나리

[다른 그림 찾기]

✱ 두 그림을 비교해 보며 다른 곳 여섯 군데를 찾아보세요.

[낱말 퍼즐]

※ 보기에 있는 낱말을 낱말을 찾아보세요.
가로, 세로, 대각선으로 연결되어야 하고, 겹치지 않아요. 앞뒤 방향은 상관없어요.

보기

개나리　　너구리　　병아리

뼈	귀	다	닭	라
병	아	리	열	오
리	강	지	아	소
구	개	나	리	개
너	나	리	구	리

[만화 대사 추리]

✱ 보기에 있는 낱말 가운데 빈칸에 알맞은 낱말을 찾아서 써 보세요.

보기
비추어 줘요   간지럽혀요   화장실에 가고 싶을까 봐
밤길에서 넘어질까 봐   노래해 줘요

아빠, ☐☐☐☐

☐☐☐☐☐☐☐ 무서워요.

손전등으로 발밑을 ☐☐☐☐☐☐☐.

아니면 ☐☐☐☐☐☐.

[낱말 그림 미로]

✻ '주어요'의 준말을 낚싯대로 낚아 보세요.

주어요

져요　　주요　　줘요

[맞춤법 미로]

✱ 알맞는 세는 말이 있는 곳으로 가서 미로를 빠져나오세요.

다른 글자 찾기

✱ 같은 낱말 속에서 다른 낱말 하나를 찾아보세요.

학굣길	학굣길	학굣길	학굣길	학굣길
학굣길	학굣길	학굣길	학굣길	학굣길
학굣길	학굣길	학굣길	학굣길	학굣길
학굣길	학굣길	학굣길	학굣길	학굣길
학굣길	학굣길	학굣길	학굣길	학굣길
학굣길	학굣길	학굣길	학굣길	학굣길
학굣길	학굣길	학굣길	학굣길	학굣길
학굣길	학굣길	학굣길	학굣길	학굣길
학굣길	학교길	학굣길	학굣길	학굣길
학굣길	학굣길	학굣길	학굣길	학굣길

[다른 그림 찾기]

❋ 두 그림을 비교해 보며 다른 곳 일곱 군데를 찾아보세요.

[낱말퍼즐]

✳ 보기에 있는 낱말 있는 낱말을 찾아보세요.
가로, 세로, 대각선으로 연결되어야 하고, 겹치지 않아요. 앞뒤 방향은 상관없어요.

보기

안녕   인사   학굣길

녕	눈	경	칠	새
서	안	길	교	헥
빵	훗	굣	감	칩
징	오	학	사	현
어	편	생	인	뒤

[만화 대사 추리]

❋ 보기에 있는 낱말 가운데 빈칸에 알맞은 낱말을 찾아서 써 보세요.

보기

잘 먹겠습니다   공부를 했더니   기분이 참 좋아요
냠냠 먹기 전에   인사했더니   꿈을 꿨어요

| 날짜 | 3월 15일 | 날씨 | 맑음 |

냠냠 먹기 전에 "
                     하고
인사했더니
                     .

[인사말 미로]

✱ 상황에 따른 바른 인사말을 연결시켜 보세요.

- 학굣길에 만나면
- 문을 열 때
- 냠냠 먹기 전에
- 시간이 없을 때

- 잘 먹겠습니다.
- 하하 호호
- 얘들아 안녕?
- 삐걱삐걱

[맞춤법 미로]

* 맞춤법에 맞는 문장이 있는 길로 가서 미로를 빠져나오세요.

- 애들아 안녕
- 애들아 안녕!
- 기분이 참좋아요
- 기분이 참 좋아요.
- 학굣길에 만나면
- 학교길에 만나면
- 냠냠 먹기 전에
- 냠냠 먹기전에
- 잘 먹겟습니다
- 잘 먹겠습니다.

다른 글자 찾기

✱ 같은 낱말 속에서 다른 낱말 하나를 찾아보세요.

축하해	축하해	축하해	축하해	축하해
축하해	축하해	축하헤	축하해	축하해
축하해	축하해	축하해	축하해	축하해
축하해	축하해	축하해	축하해	축하해
축하해	축하해	축하해	축하해	축하해
축하해	축하해	축하해	축하해	축하해
축하해	축하해	축하해	축하해	축하해
축하해	축하해	축하해	축하해	축하해
축하해	축하해	축하해	축하해	축하해
축하해	축하해	축하해	축하해	축하해

[다른 그림 찾기]

❋ 두 그림을 비교해 보며 다른 곳 일곱 군데를 찾아보세요.

[낱말 퍼즐]

* 보기에 있는 낱말을 찾아보세요.
  가로, 세로, 대각선으로 연결되어야 하고, 겹치지 않아요. 앞뒤 방향은 상관없어요.

보기

친구   학교   축하

사	오	장	매	호	낱
말	구	규	교	학	해
연	착	친	하	씨	웃
본	리	가	축	각	대
뒤	결	향	생	오	널
맞	잠	계	몽	피	추

[만화 대사 추리]

✱ 보기 에 있는 낱말 가운데 빈칸에 알맞은 낱말이 무엇일지 찾아서 써 보세요.

보기

축하해   고마워
시원해   대단해

생일 ☐☐☐ !

선물 ☐☐☐ !

[낱말 그림 미로]

✱ 인사말이 바르게 연결되도록 미로를 찾아가세요.

맛있게 먹어라.

괜찮아.

어서 오렴.

축하해.

잘 먹겠습니다.

내일 봐.

[낱말 그림 미로]

✳ 인사말이 바르게 연결되도록 미로를 찾아가세요.

안녕히 주무셨어요?

친구야, 안녕?

학교 다녀왔습니다.

잘 먹겠습니다.

고마워.

잘 잤니?

다른 글자 찾기

❋ 같은 낱말 속에서 다른 낱말 하나를 찾아보세요.

손수건	손수건	손수건	손수건	손수건
손수건	손수건	손수건	손수건	손수건
손수건	손수건	손수건	손수건	손수건
손수건	손수건	손수건	손수건	손수건
손수건	손수건	손수건	손수건	손수건
손수건	손수건	순수건	손수건	손수건
손수건	손수건	손수건	손수건	손수건
손수건	손수건	손수건	손수건	손수건
손수건	손수건	손수건	손수건	손수건
손수건	손수건	손수건	손수건	손수건

[다른 그림 찾기]

❋ 두 그림을 비교해 보며 다른 곳 일곱 군데를 찾아보세요.

[낱말 퍼즐]

* 보기 에 있는 낱말을 찾아보세요.
  가로, 세로, 대각선으로 연결되어야 하고, 겹치지 않아요. 앞뒤 방향은 상관없어요.

보기

손수건   줄넘기   솜사탕

고	미	토	깨	주
스	구	건	좀	보
기	화	수	배	닐
넘	류	손	죽	온
줄	탕	사	솜	예

[만화 대사 추리]

✳ 보기 에 있는 낱말 가운데 빈칸에 알맞은 낱말을 찾아서 써 보세요.

보기
시커먼 솜뭉치   모두 다시 왔구나
모두 돌아갔구나   새하얀 솜사탕

우아, 　　　　　　　　　　 이다!

녀석들, 　　　　　　　　　　　　．

[그림자 퀴즈]

✳ 의성어, 의태어에 알맞은 그림을 그림자와 짝지어 보세요.

깡충깡충   어슬렁어슬렁   어흥   폴짝폴짝

[맞춤법 미로]

✱ 맞춤법에 맞는 낱말이 있는 길로 가서 미로를 빠져나오세요.

모두 다시 왔꾸나.
모두 다시 왔구나.
새하얀 솜사탕
섀하얀 솜사탕
깜작이야.
깜짝이야.
나랑 같이 놀자.
나랑같이 놀자.

오늘은 여기까지!

다른 글자 찾기

* 같은 낱말 속에서 다른 낱말 하나를 찾아보세요.

보름달	보름달	보름달	보름달	보름달
보름달	보름달	보름달	보름달	보름달
보름달	보름달	보름달	보름달	보름달
보름달	보름달	보름달	보름달	보름달
보름달	보름달	보름달	보름달	보름달
보름달	보름달	보름달	보름달	보름달
보름달	보름달	보름달	보름달	보름달
보룸달	보름달	보름달	보름달	보름달
보름달	보름달	보름달	보름달	보름달
보름달	보름달	보름달	보름달	보름달
보름달	보름달	보름달	보름달	보름달

[다른 그림 찾기]

✻ 두 그림을 비교해 보며 다른 곳 일곱 군데를 찾아보세요.

[낱말퍼즐]

✱ 보기에 있는 낱말을 찾아보세요.
가로, 세로, 대각선으로 연결되어야 하고, 겹치지 않아요. 앞뒤 방향은 상관없어요.

보기

칠판   필통   보름달

받아쓰기

판	탕	연	개	얇
칠	있	팬	통	썰
겹	혹	품	필	소
드	반	보	레	크
합	라	름	딥	용
질	카	달	포	시

[만화 대사 추리]

* 보기 에 있는 낱말 가운데 빈칸에 알맞은 낱말을 찾아서 써 보세요.

> **보기**
> 동물원에 곰이 없을 수도   당신이 곰 우리에 있을 수도
> 곰이 문을 열고 탈출할 수도

있습니까?

예?

아무도 없는 동물원 곰 우리에 있던 곰이 사라졌거든요.

[낱말 그림 미로]

✱ 크고 작은 표현 낱말을 올바르게 연결시켜 보세요.

둥둥   쿵쿵   땡땡

땡땡   콩콩   동동

[맞춤법 미로]

❋ 미로 중심에서 맞춤법에 맞는 문장이 있는 길로 가서 미로를 탈출하세요.

아기 오리
아기오리
탈출할 수도
탈출 할 수도
글자 동물원
글짜 동물원
엄마따라
엄마 따라
못물 위에
못 물 위에

다른 글자 찾기

✱ 같은 낱말 속에서 다른 낱말 하나를 찾아보세요.

닦습니다	닦습니다	닦습니다	닥습니다	닦습니다
닦습니다	닦습니다	닦습니다	닦습니다	닦습니다
닦습니다	닦습니다	닦습니다	닦습니다	닦습니다
닦습니다	닦습니다	닦습니다	닦습니다	닦습니다
닦습니다	닦습니다	닦습니다	닦습니다	닦습니다
닦습니다	닦습니다	닦습니다	닦습니다	닦습니다
닦습니다	닦습니다	닦습니다	닦습니다	닦습니다
닦습니다	닦습니다	닦습니다	닦습니다	닦습니다
닦습니다	닦습니다	닦습니다	닦습니다	닦습니다
닦습니다	닦습니다	닦습니다	닦습니다	닦습니다
닦습니다	닦습니다	닦습니다	닦습니다	닦습니다
닦습니다	닦습니다	닦습니다	닦습니다	닦습니다

[다른 그림 찾기]

✱ 두 그림을 비교해 보며 다른 곳 일곱 군데를 찾아보세요.

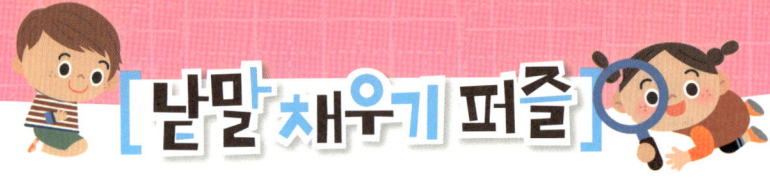

보기

닦습니다   읽습니다
도왔습니다   마십니다
깨졌습니다

물을 마십니다.
콩쥐를 도왔습니다.
이를 닦습니다.
책을 읽습니다.
항아리가 깨졌습니다.

[만화 대사 추리]

❋ 보기 에 있는 낱말 가운데 빈칸에 알맞은 낱말을 찾아서 써 보세요.

보기: 밧줄에 묶여   밧줄에 묵여   밧줄에 묶어

있던 배가 사라졌어요!

[탈출 미로]

✱ 콩쥐를 도우러 갈 수 있도록 미로를 통과하세요.

콩쥐를

도와줍니다.

[맞춤법 미로]

✱ 맞춤법에 맞는 낱말이 있는 길로 사다리를 타고 가서 가서 친구들과 만나세요.

밧줄에 묶여 　　　　밧줄에 묵여

사자가 공을 참니다.　　사자가 공을 참니다.　　사자가 공을 찼니다.

항아리가 깨졌습니다.　　　항아리가 깨졋습니다.

이를 닥습니다.　　이를 닦습니다.　　이를 닥읍니다.

책을 일습니다.　　　　　책을 읽습니다.

콩쥐를 도와 줍니다.　　콩쥐를 도와줍니다.　　콩쥐를 도와 줍니다.

오늘은 여기까지!

다른 글자 찾기

✱ 같은 낱말 속에서 다른 낱말 하나를 찾아보세요.

껍데기	껍데기	껍데기	껍데기	껍데기	껍데기
껍데기	껍데기	껍데기	껍데기	껍데기	껍데기
껍데기	껍데기	껍데기	껍데기	껍데기	껍데기
껍데기	껍데기	껍데기	껍데기	껍데기	껍데기
껍데기	껍데기	껍데기	껍데기	껍데기	껍데기
껍데기	껍데기	껍데기	껍데기	껍데기	껍데기
껍데기	껍데기	껍데기	껍데기	껍데기	껍데기
껍데기	껍데기	껍데기	껍데기	껍데기	껍데기
껍데기	껍데기	껍데기	껍데기	껍데기	껍데기
껍데기	껍데기	껍데기	껍데기	껍데기	껍대기
껍데기	껍데기	껍데기	껍데기	껍데기	껍데기
껍데기	껍데기	껍데기	껍데기	껍데기	껍데기

[다른 그림 찾기]

✱ 그림을 비교해 보며 다른 곳 일곱 군데를 찾아보세요.

아빠 손바닥 위에 예쁜 달팽이 집을 만들어 주셨어요.

아빠 손바닥위에 얘쁜 달팽이 집을 만들어 주셨어요.

[낱말 채우기 퍼즐]

✱ 그림을 보고 보기에 있는 알맞은 낱말을 빈칸에 채워 넣으세요.

보기
살펴볼까   시작했어요
넣었어요   좋겠다   꼼짝도

			움	
			직	
			이	
			기	
자	세	히	?	안
꽃	잎	은	.	
				해
집	속	에		요.
				.
				.

[만화 대사 추리]

✱ 보기에 있는 낱말 가운데 빈칸에 알맞은 낱말을 찾아서 써 보세요.

보기
세수 안 해도   나는 좋겠다
꽃잎은 좋겠다   혼나니까

왜?

괜찮잖아.

[탈출 미로]

✱ 달팽이를 움직이게 하려면 미로를 통과하세요.

시작했어요

움직이기

[맞춤법 미로]

✱ 맞춤법에 맞는 문장이 있는 길로 가서 우주선을 타세요.

- 새수 안해도
- 세수 안 해도
- 자세이 살펴 볼까!
- 자세히 살펴볼까?
- 꼼짝도 안 해요.
- 꼼작도 안해요.
- 껍대기 속으로
- 껍데기 속으로
- 만들어 주셨어요.
- 만들여 주셨어요
- 집속에 넣엇어요.
- 집 속에 넣었어요.

다른 글자 찾기

✳ 같은 낱말 속에서 다른 낱말 하나를 찾아보세요.

나무꾼	나무꾼	나무꾼	나무꾼	나무꾼	나무꾼
나무꾼	나무꾼	나무꾼	나무꾼	나무꾼	나무꾼
나무꾼	나무꾼	나무꾼	나무꾼	나무꾼	나무꾼
나무꾼	나무꾼	나무꾼	나무꾼	나무꾼	나무꾼
나무꾼	나무꾼	나무꾼	나무꾼	나무꾼	나무꾼
나무꾼	나무꾼	나무꾼	나무꾼	나무꾼	나무꾼
나무꾼	나무꾼	나무군	나무꾼	나무꾼	나무꾼
나무꾼	나무꾼	나무꾼	나무꾼	나무꾼	나무꾼
나무꾼	나무꾼	나무꾼	나무꾼	나무꾼	나무꾼
나무꾼	나무꾼	나무꾼	나무꾼	나무꾼	나무꾼
나무꾼	나무꾼	나무꾼	나무꾼	나무꾼	나무꾼
나무꾼	나무꾼	나무꾼	나무꾼	나무꾼	나무꾼

[다른 그림 찾기]

✳ 두 그림을 비교해 보며 다른 곳 일곱 군데를 찾아보세요.

[낱말 채우기 퍼즐]

✱ 그림을 보고 보기에 있는 낱말을 빈칸에 채워 넣으세요.

보기

크레파스   예요
정말   간지러워요   드려라

※ 보기 에 있는 낱말 가운데 빈칸에 알맞은 낱말을 찾아서 써 보세요.

보기: 어디를 가든지   어디서든 살고   언젠가는 떠나

[탈출 미로]

✱ 온몸이 간지러워요. 먼지 많은 공사장을 얼른 탈출하세요.

간지러워요

[맞춤법 미로]

✳ 맞춤법에 맞는 문장이 있는 길로 가서 미로를 빠져나오세요.

- 내가 네 형님이냐?
- 네가 네형님이냐!
- 잘되었구나.
- 잘 되었꾸나.
- 나무군이 산길을
- 나뭇꾼이 산길을
- 꼭 전해 드려라.
- 꼭 전해드려라.
- 복실이에요.
- 복실이예요.
- 복실이에요.
- 집속에 넣엇어요.
- 집 속에 넣었어요.

오늘은 여기까지!

다른 글자 찾기

❋ 같은 낱말 속에서 다른 낱말 하나를 찾아보세요.

생일잔치	생일잔치	생일잔치	생일잔치	생일잔치
생일잔치	생일잔치	생일잔치	생일잔치	생일잔치
생일잔치	생일잔치	생일잔치	생일잔치	생일잔치
생일잔치	생일잔치	생일잔치	생일잔치	생일잔치
생일잔치	생일잔치	생일잔치	생일잔치	생일잔치
생일잔치	생일잔치	생일잔치	생일잔치	생일잔치
생일잔치	생일잔치	생일잔치	생일잔치	생일잔치
생일잔치	생일잔치	셍일잔치	생일잔치	생일잔치
생일잔치	생일잔치	생일잔치	생일잔치	생일잔치
생일잔치	생일잔치	생일잔치	생일잔치	생일잔치
생일잔치	생일잔치	생일잔치	생일잔치	생일잔치
생일잔치	생일잔치	생일잔치	생일잔치	생일잔치
생일잔치	생일잔치	생일잔치	생일잔치	생일잔치

[다른 그림 찾기]

✳ 두 그림을 비교해 보며 다른 곳 일곱 군데를 찾아보세요.

| 바 | 람 | 이 | | 시 | 원 | 한 | | 날 | | 생 | 일 |
| 잔 | 치 | 를 | | 했 | 다 | . | | | | | |

| 바 | 람 | 이 | | 시 | 원 | 한 | 날 | | 생 | 일 | |
| 잔 | 치 | 를 | | 했 | 다 | . | | | | | |

[낱말 채우기 퍼즐]

✳ 그림을 보고 보기에 있는 알맞은 낱말을 빈칸에 채워 넣으세요.

보기
빨리   더   비가 왔다
칭찬을   하고 잤다

[만화 대사 추리]

※ 보기 에 있는 낱말 가운데 빈칸에 알맞은 낱말을 찾아서 써 보세요.

보기

| 찰흙으로 토끼를 | 찰흙으로 도끼를 |
| 세번 굴렸는 데 | 세 번 굴렸는데 |

만들려고

똥 모양이 되었다.

[탈출 미로]

※ 얼른 공부를 해서 미로를 탈출하세요.

맞춤법 미로

✱ 맞춤법에 맞는 문장이 있는 길로 가서 친구를 만나세요.

- 더 연습해야겠다.
- 더 연습 해야겠다.
- 숙제를 하고 잤다.
- 숙제를 하고잤다.
- 칭찬을 받았다.
- 친창을 받았다.
- 빨리왔으면 좋겠다.
- 빨리 왔으면 좋겠다.
- 생일 잔치를 했다.
- 생일잔치를 했다.
- 아침에 비가 왔다.
- 아침에 비가왔다.

해답

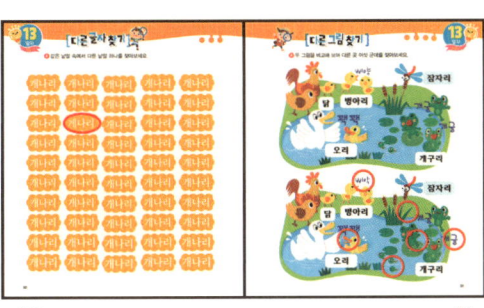
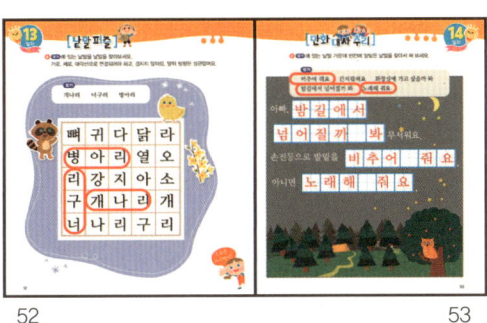

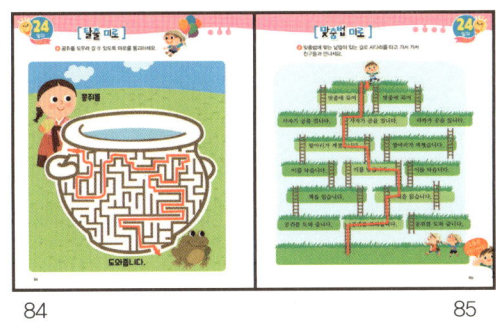

부록 1학년1학기 받아쓰기 급수표